AF338984

INVENTAIRE

Ye 16.614

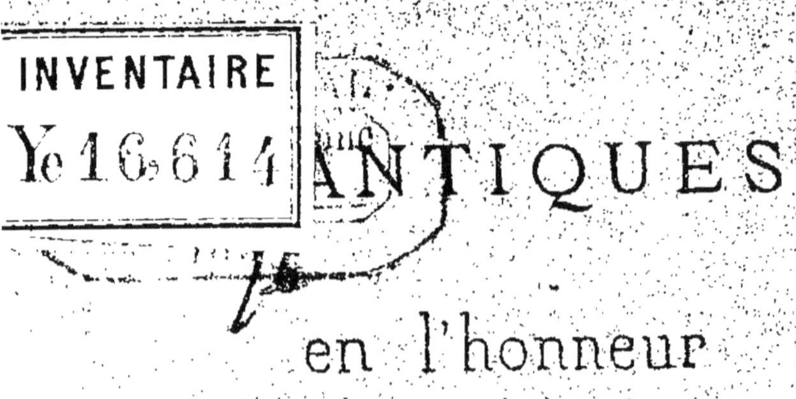

...ANTIQUES

en l'honneur

DE

Ste MARIE-MADELEINE

Sainte Baume.

Y

Marseille. Lit. Dravet, r. Grignan, 60

CANTIQUES

en l'honneur

DE

Ste MARIE-MADELEINE

Sainte Baume

Marseille — Lit. Dravet, r. Grignan, 60

CANTIQUES

BIBLIOTHÈQUE NATIONALE R.F. IMPRIMÉS

en l'honneur

DE

Ste MARIE-MADELEINE

Marseille — Lit. Dravet r. Grignan 59

VIE DE Ste Me MADELEINE DANS LA GROTTE

1er Chapitre.

Madeleine désirant une Grotte pour sa vie Pénitente et Contemplative.

Air de l'Ave Maria.

1.

Ste Madeleine
Ecoute mon chant,
O Clémente Reine
Bénis ton Enfant.

Refrain : Sta Maria Magdalena
ora, ora, ora, pro nobis.

2.

Je veux, à ta gloire
Je voudrais toujours
Chanter ton histoire
Avec grand amour.

3.

Triomphe ô Provence,
Du Cœur de son Fils,
Dieu donne à la France
Ses plus chers amis.

4.

Du juif la colère
Les livre au bâteau
Qui, comme il espère
Sera leur tombeau.

5.
O Barque bénie,
Vogue et ne crains rien
Tu portes Marie,
Dieu te garde bien.

6.
Sur ta rive ô France,
Ils ont abordé;
C'est ta délivrance
Qu'ils ont apportée.

7.
Reçois la doctrine
Qui détruit l'erreur,
La grâce Divine
Du mal la terreur.

8.
Mais à Madeleine
Il faut un rocher
D'où nulle âme humaine
Ne puisse approcher.

9.
A la vie active
Elle a préféré
La Contemplative
Dans un lieu caché.

10.
C'est la part meilleure
Que rien ne ravit;
A la dernière heure
Seule elle survit.

11.
C'est la part meilleure
Car c'est le Seigneur
Fixant sa demeure
Dans un heureux Cœur.

2.º Chapitre.

Entrée de Madeleine dans la Grotte.

12.

Sur son aile forte,
Un Ange des Cieux
La prend et l'emporte
Qu'il est donc heureux !

13.

La Sainte voyage
A travers les airs
Vers l'antre sauvage
Des affreux deserts.

14.

O Grotte isolée
Tressaille en ton cœur
Vois la Bien-aimée
De Notre-Seigneur.

15

« C'est pour toi Marie
« Que j'ai fait ces lieux
« Trône de ta vie
« Conquérant les Cieux.

16.

« Dieu mourant victime
« Sur le Golgotha
« Des hauts monts la cime
« S'émut, s'ébranla.

17.

« Les rocs se fendirent
« Le monde trembla,
« Les tombeaux s'ouvrirent
« Le Ciel se voila.

18.

« Triste fut la terre
« Le soleil en deuil ;
« La nature entière
« Parut un linceul.

19.

« Ce mont solitaire
« Alors a frémi
« Et ses flancs de pierre
« T'ont fait cet abri.

20.

« Place à Madeleine
« Se sont écriés
« Roulant vers la plaine
« Les blocs détachés.

3ᵉ Chapitre.

Vie Pénitente de Madeleine dans la Grotte.

21.

« Trente ans isolée
« Dans ce sombre lieu
« Toujours immolée
« Pour la France et Dieu !

22.

« Vis dans le silence,
« La Contemplation
« Et la pénitence
« Pour l'Expiation.

23.

« Voici ta fontaine
« Et ce rocher là
« C'est, ô Madeleine
« C'est ton Golgotha »

24.

La Sainte contente
Bénit le Seigneur ;
Mais chose étonnante
Voilà qu'elle a peur.

25.

Quoi ? être menacée
De bientôt mourir ?
Où Dieu l'a placée
Pour longtemps souffrir !

26.

Un dragon terrible
Veut la dévorer ;
Un Ange invincible
Vient la délivrer.

27.

A la porte il plante
La Croix du Sauveur
La Croix triomphante
De toute douleur.

28.

Ste Madeleine
A ses pieds toujours,
De son âme pleine
Répand son amour.

29.

Amour tout de flammes
Désir de souffrir
Pour Dieu, pour les âmes,
Désir de mourir.

30.

Là, sur cette pierre,
Dans ce sombre lieu
Vit la solitaire
Priant le bon Dieu.

31.

Là sa chevelure
Est son vêtement
Et sa nourriture
L'amour pénitent.

32.

Ame pervertie
Vois sur ce rocher,
Vois la convertie
Pleurant ses péchés!

33.

Triste cette voute
En voyant ses pleurs
Verse goutte à goutte
L'eau de ses douleurs.

34.

Tous ces sacrifices
Qui nous font frémir
Ce sont les délices
De son cœur martyr.

4ᵉ Chapitre.

Consolations de Madeleine.

1ᵉ

Le St Pilon où elle est transportée par les Anges.

35.

Ici la Prière
Plus haut le transport,
Ici le Calvaire
Plus haut le Thabor.

36.

Vois-tu sur la crête
Ces rocs éternels
Loués du Poëte
En vers immortels.

37.

C'est un tabernacle,
C'est le Saint Pilon :
Oh ! quel grand spectacle !
Quel vaste horizon !

38.

C'est là que les Anges
La Sainte emportaient
De Dieu les louanges
Près d'elle chantaient.

39.

Phalange Divine
Sur tes ailes d'or
Porte l'héroïne
Jusqu'à son Thabor.

40.

La voilà ravie
Chantez Chérubins,
Consolez sa vie
Chantez Séraphins.

41.

De vos harmonies
Dilatez son cœur,
Par vos symphonies
Faites son bonheur.

42.

Ainsi transportée
Chaque jour sept fois,
Du Ciel exilée
Elle entend les voix.

Apparitions de N. S. Jésus-Christ.

43.

De sa pénitence
Est-ce tout le prix ?
O douce clémence
Voici Jésus-Christ.

44.

« C'est bien moi Marie
« Ah ! ne pleure plus
« C'est moi qui t'en prie
« Je suis ton Jésus. »

45.

Elle voit les charmes
Du Divin Sauveur.
Il sèche ses larmes
Il ravit son cœur.

46.

Avec elle il chante
Puis il lui sourit
Oh ! qu'elle est contente !
Jésus la ravit.

47.

Pendant la Prière
Ces deux cœurs unis
Ont quitté la terre
Pour le Paradis.

48.

Cette bien-aimée,
Quatre fois par an,
Est là visitée
De Jésus l'aimant.

49.

Reviens Pénitente
Dans la Grotte en pleurs ;
Reviens, sois clémente
Sauve les pécheurs.

50.

Dieu dans la Patrie
Fera voir un jour
Les cœurs par Marie
Donnés à sa Cour.

5e Chapitre.

Fruits du Pélerinage.

51.

De l'immense roche
Lieu si vénéré
Pélerin approche
Par le bois sacré.

52.

La mousse et le lierre
Ornements unis
Forment sur la terre
Comme un vert tapis.

53.

Et l'épais feuillage
Des arbres si beaux
Et le frais ombrage
Tombant des rameaux.

54.

A l'âme charmée
Ne disent-ils pas
De la Grotte aimée
Les Divins appâts ?

55.
Les pures délices
Que donnent au Cœur
Les grands sacrifices
Faits pour le Seigneur!

56.
A la Sainte-Baume
Lieu béni des Cieux
Madeleine embaume
Tout cœur généreux.

57.
Elle donne à l'âme
Du bon Pèlerin
La plus vive flamme
De l'amour Divin.

58.
Esprit de Prière
Et de repentir,
Mépris de la terre
Du Ciel grand désir.

6ᵉ Chapitre.

Mort de Ste Marie Madeleine.

59.
Madeleine, ô Grotte!
Te fait ses adieux
Pour devenir l'hôte
Du Palais des Cieux.

60.
Un Ange de gloire
L'emporte un matin
Près de l'Oratoire
De St Maximin.

61.
Au Saint Sacrifice
Elle reçoit Dieu
Puis au Saint-Pontife
Son cœur dit adieu.

62.
La Divine Hostie
Le Sauveur Jésus
Transporte Marie
Au sein des élus.

63.
Au-dessus des Anges
Et plus près de Dieu
Reçois nos louanges
Madeleine adieu !

Sta Maria Magdalena
Ora, ora, ora pro nobis ora.

PRIÈRE

de l'âme pieuse à Ste Marie-Madeleine.

Sur l'air de l'Ave Mari...

1.
Sainte Madeleine
A toi mon amour
Douce Souveraine
A toi pour toujours.

Refrain: Sancta Maria Magdalena
Ora, ora, ora, pro nobis.

2.

Fais ô Repentante
Que mon cœur brisé
Toujours se repente
Expiant son passé.

3.

Rends mon âme aimante
Que j'aime avec toi
O Divine Amante
Notre Divin Roi.

4.

Sainte silencieuse
Donne-moi la paix.
La paix délicieuse
Du cœur qui se tait.

5.

O Contemplative
Obtiens-moi le don
Dans la vie active
De faire oraison.

6.

Fais-moi, Solitaire
Goûter le doux fruit
De l'âme en prière
Vivant loin du bruit.

7.

A moi Pénitente
Le don de souffrir
De souffrir contente
Et de bien mourir.

8.

Avec toi je pleure
Et vis dans l'espoir
A ma dernière heure
Au Ciel de te voir.

9.

Sainte Protectrice
Ne nous quitté pas
Dans le sacrifice
Marchant sur tes pas.

10.

Reine de Provence
Nous sommes en pleurs
Préserve la France
De nouveaux malheurs.

11.

A toi Madeleine
A toi gloire honneur
Sois toujours ma Reine
Reine de mon Cœur.

12.

Fais, Sainte Extatique
Que brulant du feu
De l'amour mystique
Je me perde en Dieu.

13.

O Reine clémente
Exauce mes vœux,
O Reine puissante
Rends mon âme aux Cieux.

14.

Au-dessus des Anges
Et plus près de Dieu
Reçois mes louanges
Madeleine adieu !

Sancta Maria Magdalena
Ora, ora, ora pro nobis.

Adieux à Ste Marie-Madeleine.

Sur l'air des Cantiques de Mission,
Avant de quitter notre Maître.

1.

Avant de quitter Madeleine
Confions-lui toutes nos douleurs } bis
A ses pieds déposons toute peine
Et sa bonté séchera nos pleurs.

Refrain : Avant de quitter Madeleine
Confions-lui toutes nos douleurs.

2.

Avant de quitter Madeleine
Promettons-lui d'aimer Jésus } bis.
D'immoler toute affection mondaine
Imitant ses sublimes vertus.

3.

Avant de quitter Madeleine
Jurons-lui la fidélité } bis
Déclarons-la notre Souveraine
Et vivons dans son intimité.

4.

Avant de quitter Madeleine
Prions-la de veiller sur nos jours } bis
Sa force, du mal qui nous entraîne
Préservera nos âmes toujours.

5.

Avant de quitter Madeleine
A Jésus donnons tous nos cœurs } bis
Qu'à jamais son amour nous enchaîne
Et nous fasse goûter ses faveurs.

6.

Avant de quitter Madeleine
Offrons-lui nos derniers adieux; } bis
Qu'elle soit à jamais notre Reine
Nous conduisant jusque dans les Cieux

CANTIQUE

En l'honneur de Ste Madeleine.

Air: du Sacré Cœur

1.

Chrétiens, chantez l'heureuse Madeleine,
Chantez Jésus le maître de son cœur;
Il a parlé sa grâce est souveraine
Et son amour est l'immortel vainqueur.

Refrain: Montez l'ouanges
             Des cœurs joyeux,
             Parmi les anges
             Madeleine est aux Cieux.

2.

La Madeleine encore pécheresse
Ne voulant plus au péché consentir
Sous l'aiguillon du remord qui la presse
Va chez Simon prouver son repentir.

3.

Les pharisiens en la voyant paraître
Disent des yeux: C'est un nouveau festin.
Dieu les confond, Madeleine doit être
L'exemple offert à leur cœur libertin.

4.

Humble à genoux cette fille si vaine
Répand ses pleurs sur les pieds de Jésus
Et le parfum dont son âme était pleine
Au lieu du mal fait naître les vertus.

5.

Les sept démons âpres à sa poursuite
Voudraient briser le vase de son cœur,
Mais d'un regard Jésus les met en fuite
Et Madeleine est un vase d'honneur.

6.

Elle entendit la divine parole :
« Tous tes péchés ma fille sont remis »
Pleurez pécheurs, que la foi vous console,
De vous Jésus peut faire ses amis.

7.

Vous qui montez jusqu'à la Sainte Baume
N'en partez point sans y trouver la paix ;
Par Madeleine obtenez tous le baume
Du repentir, ne péchez plus jamais.

8.

Adieu montagne, adieu forêt sauvage
Où Madeleine habite en souvenir ;
Adieu rocher, ton saint pélerinage
Un jour ici me verra revenir.

Permis d'imprimer.

Henri,

évêque de Fréjus.

BIBLIOTHÈQUE NATIONALE — IMPRIMÉS

www.ingramcontent.com/pod-product-compliance
Lightning Source LLC
Chambersburg PA
CBHW051200050726
47594CB00007B/2978